Inhalt:

Vier neureiche Männer, darunter der Anführer Cremant, brechen in das Landhaus eines Weingutes ein und halten Tambour gefangen. Dieser gewinnt die Nähe zu Sansherbe, um sich zu befreien. Sie war selbst Opfer eines seltsamen Überfalls und beliefert das Anwesen, da angeblich Wespen alles vernichtet haben, so dass kein Wein mehr wächst und fließen kann. Sie trifft auf den Eigentümer Beauvin und glaubt, den Anführer zu kennen. Ein perfides Spiel nimmt seinen Lauf, in dem alle sich zu überlisten versuchen. Dabei ist alles von langer Hand vorbereitet…

AF169830

Abgebildete Schauspieler:

Vorderseite - Norman Nowotko

Rückseite – Lukas Brandl

T. van Stiv

WEINBECKEN

blick hinein samtschwarz

Bibliografische Information der Deutschen Nationalbibliothek: Die Deutsche Nationalbibliothek verzeichnet diese Publikation in der Deutschen Nationalbibliografie; detaillierte bibliografische Daten sind im Internet über http://dnb.d-nb.de abrufbar.

© 2016 T. van Stiv

Herstellung und Verlag:
BoD – Books on Demand, Norderstedt

ISBN 978-3-7412-4037-9

Das Werk, einschließlich seiner Teile, ist urheberrechtlich geschützt. Jede Verwertung ist ohne Zustimmung des Verlages und des Autors unzulässig. Dies gilt insbesondere für die elektronische oder sonstige Vervielfältigung, Übersetzung, Verbreitung und öffentliche Zugänglichmachung.

Weinbecken

blick hinein samtschwarz

Tragische Komödie

1. Akt einer Trilogie

von T. van Stiv (Pseudonym)

Theaterstück in acht Szenen mit unterstützenden Musikelementen

Dauer: ca. 90 Minuten

Berlin 2016

Rechte zur Aufführung, zur Veröffentlichung, Verbreitung auch in Auszügen und zu den Bildern liegen bei

shortvivant consulting GmbH

Nach Ableben des Autors oder nach Auflösung des Unternehmens ist die Tantieme an tiergebenden Tierschutzorganisationen eigenverantwortlich und angemessen zu leisten.

Hören Sie vor allem hin. So lässt sich viel aufspüren, ob es echte Wirklichkeit ist. Ob ich Sie betrüge, mit meiner Art die Worte und meinen Körper zu benutzen. Wenn man es das erste Mal erlebt ist es echte Wahrheit, das zweite Mal nur Schaustellung und Nachahmung.

Rollen (in der Reihe des Auftritts):

BEAUVIN

TAMBOUR

CREMANT

SANSHERBE

NOUGAT

MAUVAIS

SANSMENSONGE

8

1. Wenn Katzen in das Fass fallen klären sie den Wein

BEAUVIN: In einem der ältesten Weingüter in Spanien haben unbekannte Täter mehr als 1200 Weinstöcke am Stamm abgetrennt. Laut Presse waren Profis am Werk. Es gab keine logische Erklärung für die Tat.

Ein ähnlicher Vorfall erschütterte mehrere Güter in Frankreich. Viel später, wobei ganze Weinfelder vernichtet wurden. Vermutlich durch Nachahmer. Dabei wurden sogar die Wurzeln herausgerissen.

(Mehrere nach oben geöffnete und tiefe Kessel stehen hintereinander. Im vorderen Kessel befinden sich TAMBOUR unter einer Decke verborgen und eine Schale mit Obst. In die anderen Kessel kann man nicht hineinschauen. Weiter entfernt befindet sich eine geschlossene Tür.)

(Rotes Licht im Kessel)

(TAMBOUR kommt unter der Decke hervor und verteidigt sich.)

TAMBOUR: Glauben Sie mir doch.

Ich versuche diesen Moment ohne Lüge und Hirngespinst zu spielen, ganz wahrhaftig. Ob es gelingt, müssen Sie entscheiden. Nur Sie können beurteilen, ob die Gefühle aufgesetzt sind oder ob ich diese aus meinem Inneren schöpfe, weil ich die Situation schon mal so oder so ähnlich erfahren und durchlebt habe. Ob ich Sie überzeuge, Sie mir alles ohne Zweifel abnehmen. Verlassen Sie sich ruhig auf Ihren Bauch. Der täuscht Sie erst, wenn Sie alles genau analysieren, ob die Betonung meiner Worte zu meiner Haltung passt. Wenn Sie genau beobachten, ob mein Gesicht etwas anderes ausdrückt als meine Worte meinen. Hören Sie vor allem hin. So lässt sich viel aufspüren, ob es echte Wirklichkeit ist. Ob ich Sie betrüge, mit meiner Art die Worte und meinen Körper zu benutzen. Wenn man es das erste Mal erlebt ist es echte Wahrheit, das zweite Mal nur Schaustellung und Nachahmung.

Wenn Katzen in das Fass fallen klären sie den Wein (macht eine spontane katzenartige Bewegung).

Als Kind habe ich es gesehen und jetzt fühle ich es auch in Momenten, die damit nichts zu tun haben.

CREMANT: (erscheint auf einem der hinteren Kessel und klettert bis zu dem vorderen Kessel; balanciert dort auf dem Rand entlang) Unsere Eltern waren Winzer im Gut Chat gris pétillant. Es war ein teurer Tropfen, der in sehr heißen Sommern und langen kalten Wintern in den kleinen Trauben heranreifte und dann herausgedrückt wurde, wenn die dicke Schale in der Presse platzte.

(ahmt das Platzen der Trauben nach)

Wir benutzten stehende, nicht liegende Fässer, die sich nach oben hin öffneten. Zugegeben, etwas ungewöhnlich, aber den Wein müssen Sie probieren. Das nächste Dorf zählte bald mehr Katzen als Einwohner. Sie vermehrten sich ohne Unterlass und waren auch bald hier nah. Die Katzen der Umgebung, meist grau…obwohl selten alle…manche fast weißgrau…nicht durchweg, viele aschfahl am Bauch…und nach hinten raus dunkelweiß…und einige gestreift…wenn auch kaum sichtbar…und nicht im Muster…gar nicht durchgängig…samtschwarz…selten, obwohl immer mehr…waren überall

(abneigend und Katzenhaare spürend und entfernend)

…erst tagsüber schleichend am Stock, angezogen durch Mutterkraut, und nachts auch im Keller, wo die Fässer aufgestellt waren. Auf den Rändern der Fässer balancierten die Jäger und hatten den perfekten Ausblick, um nach Mäusen Ausschau zu halten.

(Eine Tür am Ende des Kesselraums öffnet sich und es erscheint SANSHERBE in einem eleganten Kleid mit Sonnenbrille und mit einem Korb Basilikum. Sie geht an den entfernteren Kesseln entlang und kommt dem vorderen entgegen.)

SANSHERBE: (ruft) Ist jemand hier? Hallo?!

(CREMANT riecht plötzlich etwas.)

TAMBOUR: (zu CREMANT) Was ist? Erscheint sie wieder?

CREMANT: Ja, Hirnkraut.

TAMBOUR: Cremant, lass mich zu ihr.

SANSHERBE: Da ist doch jemand. Ich habe hier das bestellte Kraut. So antworten Sie doch. Was ist denn da?

CREMANT: Sie wird dich niemals finden, Tambour. Sei still.

TAMBOUR: Garstig.

(SANSHERBE beschäftigt sich mit dem Kraut.)

CREMANT: (fährt fort) Was sich hier nachts abspielte war unglaublich und immer gewannen die Gejagten…meist jedenfalls (schaut nochmal zu SANSHERBE). Wir hatten uns eines Nachts unweit der Fässer und mit verstohlenem Blick darauf versteckt und beobachteten das grausame Schauspiel. Das beim Gären entweichende Kohlendioxidgas stieg durch den ganzen Wein in den stehenden Fässern hinauf. Die selbstsicheren Katzen, die auf dem Grat der Fässer erhaben stolzierten, wurden durch das aufstrebende Gas betäubt, verloren auf den schmalen Rändern das Gleichgewicht (ahmt dies nach) und fielen in den Wein. Im Fell der Tiere, die es nicht mehr herausschafften, blieben Schwebstoffe, wie Traubenreste hängen, die den Wein hätten trüben können. Sie klärten den Wein. Es war schrecklich. Bevor der wild gärende Traubenmost die Laute unterdrückte flohen wir aus dem Keller wie die Mäuse vor der Katz. Nur die war längst keine Gefahr mehr (lächelt, da er weiß dass die Gefahr noch vorhanden ist)…

Wenn Mäuse der Gefahr entlaufen laufen sie Gefahr.

TAMBOUR: Sie müssen mir glauben, dass ich nicht weiß, wie es dazu gekommen ist. Sie glauben mir doch. Nur weil ich Schauspieler bin können Sie doch nicht die Wahrheit verdrehen.

CREMANT: Du bist doch nicht angeklagt. Was redest du da?

TAMBOUR: Noch nicht. (übertrieben) Warum glaubt mir nur keiner? (will sich selbst verletzen)

CREMANT: Für Schauspiel wird keiner angeklagt. Warum die Verteidigung?

TAMBOUR: (versucht aus dem Kessel herauszuklettern, mehrmals verhindert CREMANT das) Lass mich endlich gehen, Cremant.

CREMANT: Nein Tambour, du kommst hier niemals raus.

(Am Rande des vorderen Kessels erscheint NOUGAT mit einem Messer spielend.)

NOUGAT: Wissen Sie eigentlich wie privat das ist, wenn ich dieses Messer beäuge? Nur weil Sie vermuten, dass ich damit was anstelle oder angestellt habe, meinen Sie es ist nun öffentlich. Aber Sie wissen es nicht, haben keine Ahnung und versuchen etwas herauszubekommen, ob ich es getan habe. Haben Sie mal an mich gedacht, wenn ich ganz privat was mache und Sie meinen da einzudringen?

Die Aufmerksamkeit des Schauspielers dient nur dem Objekt und seiner eigenen Person. Da kann man nicht einfach zuschauen und da haben auch nur wenige Objekte Platz. Eigentlich nur eins, dieses Messer. Es schärft erst die Sinne und trifft dann den Körper. Es befindet sich mit mir in engsten Kreis.

Wenn Gedanken sich in Tat vollenden enden Taten auch im Schluss.

TAMBOUR: (packt NOUGAT aus dem Kessel heraus) Rede nicht herum und hole mich hier raus.

NOUGAT: Du weißt, dass das nicht geht.

TAMBOUR: (will NOUGAT wieder angehen und nimmt sich zurück) Ja, ich weiß das. Aber beeilt euch. Ich will den Auftritt bei ihr.

CREMANT: Mach nicht alles kaputt. Das Kraut der Geduld wächst nicht im hitzigen Kopf.

CREMANT: (zu NOUGAT) Los, erzähl schon zu Ende; dass wir endlich loslegen können.

NOUGAT: (zu MAUVAIS, der ebenfalls am Rande des vorderen Kessels erscheint) Mach du das zu Ende.

MAUVAIS: Also…Das Haus war früher nicht nur vom Wein, sondern auch vom Basilikum, also Hirnkraut, umgeben. Wir mussten die oberen Blätterpaare stutzen, damit sich die Triebe verdoppeln. Das Basilikum wurde so immer üppiger und hielt das fliegende Getier ab. Manche trotzen der Abwehr und reizten sich eher an dem Aroma.

TAMBOUR: (klettert erneut im Kessel hoch, zieht MAUVAIS an sich heran und flüstert ihm zu) Wie lange soll ich noch hier verbleiben? Ich hab die Ausdauer nicht, um hier die Energie zu vergeuden. Lass mich ran.

CREMANT: (mischt sich ein und drückt TAMBOUR zurück) Deine Zeit wird wieder kommen. Lass es gut sein und üb dich in der Rast.

(gibt MAUVAIS ein Zeichen zum Fortfahren)

MAUVAIS: Wenn Sie in der Küche sitzen und eine Wespe bemerken, die sich auf der Speise niederlässt, um die Flügel zu säubern oder die Beute zu zerteilen, sind Sie im ersten Kreis und ganz intim mit ihr. Sie beobachten genau, wie die zerbrechlichen Flügel für den nächsten Flug vorbereitet werden. Im engsten Kreis entscheide ich selbst, was ich mit der Wespe als nächstes tun werde, zugegeben, wenn es auch gefährlich werden kann. Wenn der Nachbar mich im „Gespräch" mit der Wespe ertappt, mischt er sich ein und fordert zum Fortjagen oder Zerstören auf. Das ist der zweite Kreis. Nicht nur ich und die Wespe, sondern auch der Nachbar. Und ich lasse wohlmöglich Aufforderungen zu wie: „zerdrücke die doch".

Wenn Freunde sich als Schurken entpuppen spüren sie den Schmerz.

(SANSHERBE steht unweit des vorderen Kessels.)

SANSHERBE: Ich verkaufe Kräuter und Strumpfhosen. Links die Kräuter und rechts die Strumpfhosen und manchmal auch umgekehrt, wenn es Sinn macht. Beides verkauft sich gleich gut und verträgt sich in der Auslage. Viele schauen zum Fenster rein, um Kraut und Strumpf zu sehen. Frauen kaufen beides, Männer auch…wenn auch aus anderem Grunde. Am Montag vor ein paar Monaten wollten zwei Männer Strumpfhosen…aber sie bezahlten nicht. Ich beschrieb die beiden so gut wie ich konnte. Die Polizei glaubte mir nicht, obwohl ich die Gewalt schon spürte.

Wenn Männer was im Schilde führen schildern Frauen ihre Sicht.

(Alle bis auf SANSHERBE klettern in den Kessel zu TAMBOUR hinein.)

SANSHERBE: (tritt näher an den Kessel heran) Ist hier nun jemand?

TAMBOUR: (schaut über den Rand hinaus zu SANSHERBE) Lass mich schauen.

CREMANT: (klettert über TAMBOUR zum Rand) Ich habe sie zuerst gesehen. Darum machen wir das alles hier.

(TAMBOUR gewinnt die Oberhand.)

TAMBOUR: Ja, aber ich soll hier loslegen.

(CREMANT gewinnt die Oberhand.)

CREMANT: Nur ich werde sie kriegen.

TAMBOUR: Das werden wir noch sehen, Cremant.

MAUVAIS: Ich habe es versteckt.

NOUGAT: Wo hast du es versteckt?

MAUVAIS: Das kann ich dir nicht sagen, sonst wäre es kein Versteck.

NOUGAT: Warum sagst du es mir nicht?

MAUVAIS: Weil ich es nicht weiß.

NOUGAT: Warum weißt du es nicht?

MAUVAIS: Weil ich es vergessen habe.

NOUGAT: Wer weiß denn noch von dem Versteck?

MAUVAIS: Es wissen...(zeigt dabei auf Personen aus dem Publikum) und...und...aber es wissen nicht... und...und...

NOUGAT: Na, sag ich ja. (wiederholt...zeigt ebenfalls auf die identischen Personen im Publikum) Also für mich nochmal zum klar machen, es wissen...und...und...aber es wissen nicht ...und...und...Das sind aber eine ganze Menge. Ist aber blöd, wenn die es alle wissen, aber du nicht.

MAUVAIS: Was ist blöd daran, wenn ich es vergessen habe?

NOUGAT: Weil du es dann nicht mehr findest und die anderen schon.

MAUVAIS: Vielleicht haben die es ja auch vergessen.

NOUGAT: Na, sag ich ja. Nein, das glaube ich nicht.

SANSHERBE: Sie drohten mir böse Dinge an, wenn ich nicht mache, was sie sagen. Sie wollten je einen Strumpf für den Kopf, also gab ich jedem eine Packung. Sie waren außer sich und sprachen von Verschwendung. Und gaben eine Packung Strümpfe zurück. Sie stahlen zusammen nur ein Paar Strümpfe, blickdichte von außen nach innen. Von drinnen heraus kann man alles sehen. Das haben die auch so gewünscht.

Ich habe die beiden nicht erkannt. Sie tauschten Affenmasken gegen Strumpf. Ist doch absurd oder? Die von der Polizei schauten mich so komisch an und amüsierten sich, warum jemand seine Maske tauscht, um die zweite zu stehlen. Ich sagte: Es waren zwei…nicht einer…am selben Tag gab es diesen schrecklichen Überfall…Gar nicht weit weg.

(CREMANT, NOUGAT, MAUVAIS klettern aus dem Kessel hinaus, TAMBOUR verbleibt darin.)

TAMBOUR: Ich tue mir was an, wenn ihr mich nicht rauslasst.

CREMANT: Was willst du denn machen?

(TAMBOUR ohrfeigt sich selbst, zunehmend stärker.)

CREMANT: Hör auf damit. Du machst mir Angst, wenn du dich immer selbst strafst. Das hast du immer getan, wenn du nicht weiter wusstest.

TAMBOUR: Lässt du mich jetzt gehen?

CREMANT: (überlegt lange) Nein.

TAMBOUR: (klettert zum Rand und spricht in das Ohr von CREMANT) Still, ganz still...Ich pflanze dir unsere Vergangenheit in den Kopf, wenn du mich nicht gehen lässt.

CREMANT: Was willst du denn da pflanzen? Das wuchert ja schon ewig.

TAMBOUR: (flüstert wieder in das Ohr) Überleg doch mal, mit unserem Talent erledige ich das Ganze.

CREMANT: Was willst du beenden? Geh weg vom Rand.

TAMBOUR: (flüstert wieder) Ich werde nicht ewig hier im Wein verbleiben und das haben wir als gemeinsames Ziel ersponnen.

CREMANT: Es gibt hier keinen Wein mehr.

(wiederholt und spricht weiter in einer fremden Sprache und ärgert sich)

NOUGAT: Na, sag ich ja.

(TAMBOUR flüstert weiter.)

CREMANT: Was flüsterst du mir die ganze Zeit zu? Du hast mir doch geschworen, dass du mir nicht mehr ins Ohr flüsterst. Und jetzt machst du es schon wieder...(TAMBOUR flüstert ihm wieder etwas ins Ohr.)...und schon wieder...lass es sein...(spricht wieder in einer fremden Sprache).

TAMBOUR: Lass mich gehen und das Wuchern hat ein Ende.

CREMANT: (überlegt lange und stößt TAMBOUR zurück) Niemals.

TAMBOUR: (ist außer sich) Du spielst uns etwas vor, um etwas für dich zu gewinnen.

CREMANT: Wir spielen hier alle.

(SANSHERBE wird durch die Lautstärke angezogen und sieht CREMANT. Beide schauen sich eine Weile an.)

SANSHERBE: Was lungern Sie hier herum und starren mich so unerhört an? Ich wusste, dass hier jemand ist. Sie haben es doch bestellt oder? Nehmen Sie mir das Kraut ab? Ich kenn Sie doch!

CREMANT: Nein.

SANSHERBE: Was ist denn da? Lassen Sie mich doch mal hinschauen.

CREMANT: Nein, da ist nichts.

SANSHERBE: Ich habe doch etwas gehört.

CREMANT: Nein, nein.

SANSHERBE: Ich komm schon halt noch drauf.

CREMANT: Stellen Sie das Kraut dahinten ab.

SANSHERBE: Lassen Sie mich halt genauso hin glotzen, wie Sie es mit mir tun.

CREMANT: Du siehst den Grund schneller als du denkst.

SANSHERBE: Dann lassen Sie mich halt jetzt schon reinschauen.

CREMANT: Nein.

SANSHERBE: Das ist doch ein Becken oder ein Kessel. Was machen Sie ein Geheimnis um den Kessel? Ist da etwas drin? Etwas anderes als Wein? Ein Tier? Ein Prinz?

CREMANT: (findet die Idee interessant) Vielleicht auch das...oder beides.

SANSHERBE: Ich komme wieder und wieder, bis ich weiß, was hier gespielt wird...Ich kenn Sie doch...Wer will schon hier im Schlachthaus sitzen, so eng, wenn jetzt das Weite lockt? Ich muss hier raus.

(spricht das Publikum an)

Kommen Sie mit. Ich zeige Ihnen, wo das Hirnkraut wachsen soll.

(Musikeinsatz)

2. Eine Wahrheit – Die Geschichte von den Wespen

(Ein von Mauern umgebener Hof wie ein Feld, ein Zelt mit Zugang zum verborgenen Kesselraum, mehrere Strickleitern, Teile einer großen Satellitenschüssel)

SANSHERBE: (tritt aus einem Zelt heraus und ruft zurück) Ich kenn Sie doch. Ich kehre zurück, bis ich weiß, was Sie mir vorenthalten.

CREMANT: (tritt aus dem Zelt heraus) Gehen Sie, alles andere wäre voreilig.

SANSHERBE: Ich will mein Geld für das Kraut.

CREMANT: Kommen Sie morgen wieder und bringen Sie mehr. Hier wächst sonst nichts, kein Wein.

(SANSHERBE geht ab.)

(CREMANT wirft NOUGAT Obst zu.)

NOUGAT: (tritt auch aus dem Zelt heraus mit einem Glas Schokoladencreme) Ich komm doch nicht an und fress Obst von den Bäumen gleich.

CREMANT: Was ist mit Tambour?

NOUGAT: Der schläft jetzt.

CREMANT: Gut.

NOUGAT: Er ist aufbrausend, wenn er raus will.

CREMANT: Er kommt noch nicht raus.

NOUGAT: Dann wird er umso wütender.

CREMANT: Ich denke er schläft?

NOUGAT: Na, sag ich ja. Noch ja.

(NOUGAT zeigt CREMANT einen Film, aufgenommen von MAUVAIS mit Handykamera und ohne Ton.)

(Musikeinsatz)

(Filmsequenz: CREMANT, TAMBOUR, NOUGAT und MAUVAIS brechen in ein Landhaus ein. Die Gruppe nutzt Haus und den Pool exzessiv; TAMBOUR verhält sich aggressiv; CREMANT bringt TAMBOUR in einen Raum und sperrt ihn dort in einem Kessel ein. Die Gruppe verlässt das Haus und lässt TAMBOUR zurück.)

(MAUVAIS tritt auf.)

NOUGAT: Wollen wir ihn kurz rauslassen?

MAUVAIS: Cremant hat gesagt, wir dürfen ihn nicht rauslassen.

NOUGAT: Machst du alles was Cremant sagt?

MAUVAIS: Wenn es Sinn macht, ja.

NOUGAT: Macht es Sinn?

MAUVAIS: Nein, es ist sinnlos.

CREMANT: Was tuschelt ihr da, Männer?...Schärft besser eure Messer.

MAUVAIS: Er sollte mal raus.

CREMANT: (greift MAUVAIS an) Was hast du gesagt?

MAUVAIS: (laut) Mann, der sollte mal raus.

CREMANT: (beruhigt sich wieder, dann laut) Nein!

CREMANT: Kommt her.

(NOUGAT und MAUVAIS kommen zu ihm.)

CREMANT: (zieht die Köpfe an sich heran) Beruhigt euch …Habt ihr gesehen, wie anmutig sie schreitet, ihre Gestalt und Größe?

NOUGAT und MAUVAIS: Ja.

CREMANT: Ich seh ihr schon so lange zu.

NOUGAT: Und warum sagst du es ihr nicht, dass sie dir vertraut ist?

MAUVAIS: Trau dich doch mal.

CREMANT: (stößt beide weg) Was wisst ihr schon. Wenn ihr nicht macht, was ich plane, entpuppe ich eure Maske und mach euch weg.

NOUGAT: Mach halb lang.

(SANSHERBE tritt mit einem Bündel Basilikum auf.)

CREMANT: Seid still.

CREMANT: (zu SANSHERBE) Stellen Sie das Kraut da ab. Hier ist alles was Sie wollten (gibt ihr Geld). Haben Sie nicht mehr?

SANSHERBE: Was mehr?

CREMANT: Mehr von dem Kraut. Es duftet und sorgt für mehr.

(CREMANT und SANSHERBE schauen sich lange an. CREMANT will SANSHERBE anfassen, sie weicht zurück.)

SANSHERBE: Hab ich schon die Geschichte von den Wespen erzählt?

(CREMANT ist irritiert.)

SANSHERBE: Unweit von hier, nennen wir den Ort Vin baquet wuchs der Wein so fruchtbar ins Unermessliche und bald konnte jeder sich den Keller mit dem roten Saft bis unter die Decke füllen.

CREMANT: Ist das jetzt ein Märchen oder was?

SANSHERBE: Warten Sie ab…es ist mehr eine…eine Wahrheit.

Die Reben reiften und zogen nicht nur die Gäste und Einwohner an. Auch die Wespen ließen sich den süßen Lockstoff nicht entgehen. Sie kamen in Scharen und haben ganze Reben kahl gefressen, bis nichts mehr zu holen war. Der Wespenschwarm zog weiter, immer auf der Suche nach neuer Verlockung und ein Gut nach dem anderen fiel ihm zum Opfer. Der Wein musste durch Milch ersetzt werden, weil es keinen mehr gab. Bis auf ein Dorf. Hier wurde der Wein immer noch direkt aus dem Becken geschöpft. Nur warum? Die Frauen stülpten ihre lichtdurchlässigen Strümpfe als Schutz über die Pflanzen, in denen sich die Wespen verhakten oder nicht hindurchkamen, um sie abzufressen.

Ist doch lustig oder? Die Frauen haben sich ausgezogen, um die Angreifer abzuwehren.

NOUGAT: Na, sag ich ja.

CREMANT: Wollen Sie nun gehen oder bleiben?

(CREMANT will SANSHERBE erneut anfassen, sie weicht auch diesmal zurück.)

SANSHERBE: Das liegt an Ihnen. Wenn kein Wein mehr im Kessel ist, was ist dann in Ihrem?

(CREMANT und NOUGAT tun übertrieben auf nichtwissend.)

SANSHERBE: Wer sagt mir nun, was ihr vor mir verbergt?

(CREMANT und NOUGAT losen aus, wer antworten soll. Keiner gewinnt.)

SANSHERBE: Wie ihr wollt. Ich werde euch schon noch enttarnen. (will abgehen)

CREMANT: (hält sie fest) Bleiben Sie doch. Trinken Sie ein Glas Wein mit mir, mit uns. Es lässt sich alles klären. Alles zu seiner Zeit.

SANSHERBE: (löst sich von CREMANT) Woher kenne ich Sie?

CREMANT: (will es aussprechen, zieht dann zurück) Ich kann es nicht sagen.

(SANSHERBE geht enttäuscht ab.)

(NOUGAT geht ab.)

(Licht aus)

(Musikeinsatz)

3. Siehst Du irgendeinen Weg hier heraus?

(CREMANT zieht TAMBOUR am Ohr aus dem Kessel und dem Zelt heraus.)

CREMANT: Schau dir doch an, dass hier nichts mehr wächst.

TAMBOUR: Wie soll ich es denn anschauen, wenn ich in dem Kessel hocke? Tag ein, Tag aus.

CREMANT: Hast du keine Bilder im Kopf? Musst du wahrhaftig hinblicken?

TAMBOUR: Lebst du nur in Phantasie oder willst du auch mal anfassen?

CREMANT: Was anfassen?

TAMBOUR: Na, die die Kraut bringt.

CREMANT: (schaut TAMBOUR lange an und nickt) Ich lass dich raus, jeden Tag ein wenig mehr.

TAMBOUR: Warum denn auf einmal?

CREMANT: (wirft TAMBOUR Kleidung zu): Zieh das an, wir haben bald Besuch. Wenn wieder Wein im Becken ist, dann kannst du da nicht mehr hausen.

TAMBOUR: (scheint nicht zu verstehen) Was meinst du?

CREMANT: Mach, dass hier wieder Wein fließt und du hast deinen alten Platz im Haus.

TAMBOUR: Wie soll der hier fließen? Hier sprießt schon lange nichts mehr.

CREMANT: Das ist der Deal.

TAMBOUR: Was ist wenn ich weglaufe, wenn du mal wegschaust?

CREMANT: Wohin willst du denn laufen? Siehst du irgendeinen Weg hier heraus?

(TAMBOUR schreit und fühlt sich erpresst.)

(TAMBOUR hängt sein ausgezogenes Oberteil an einem Haken auf.)

TAMBOUR: (schreit und wirft einen Topf Basilikum gegen die Wand) Ich will hier raus. Du kannst mich nicht einsperren.

CREMANT: (zu NOUGAT und MAUVAIS) Nougat, Mauvais, bringt ihn weg!

(NOUGAT und MAUVAIS tragen TAMBOUR davon.)

TAMBOUR: (befreit sich und kehrt zurück und denkt sich eine List aus) Ich mache was du sagst, wenn ich auch bei dem Besuch verweilen kann.

CREMANT: Dann zeig mir, dass du ruhig und sympathisch sein kannst.

(TAMBOUR überlegt.)

CREMANT: Zeig es!

TAMBOUR: (macht es vor) Genügt dir das?

CREMANT: Wie willst du denn den Wein wieder fließen lassen?

TAMBOUR: (grinst vor sich hin) Lass mich raus und ich sage es dir zu seiner Zeit...

CREMANT: Ja, aber keine Tricks...

(TAMBOUR setzt nach und unterstreicht seine Vertrauenswürdigkeit.)

CREMANT: (nickt) Ich lass dich hier für ein paar Stunden sein...doch halte dich zurück.

(CREMANT will mit TAMBOUR proben, ob er ganz sympathisch und friedlich sein kann.)

CREMANT: Kann ich dir trauen? Komm her. Sprich mir nach...(spricht TAMBOUR vor) Ich werde...

TAMBOUR: (wiederholt) Ich werde...

CREMANT: Ich werde mit niemandem reden, wenn Cremant nicht dabei ist...

TAMBOUR: Ich werde mit niemandem reden, wenn...Lass gut sein, ich verhalte mich so wie du es verlangst.

(TAMBOUR ist im Begriff sich umzuziehen.)

(CREMANT wirft TAMBOUR einen verständnisvollen Blick zu.)

TAMBOUR: (entfernt sich und kommt dann zurück) Hast du einen Stift für mich?...und Papier?...und einen Umschlag?

(CREMANT zögert erst kurz, scheint zu verstehen und veranlasst alles.)

(TAMBOUR klettert von hinten auf das Zelt.)

(Licht aus)

(Musikeinsatz)

4. Weil Sie Gutes von Bösem unterscheiden

(SANSHERBE tritt auf und will neues Basilikum abstellen.)

(Im Kraut sitzt NOUGAT und schneidet Tomaten auf einem Brett; SANSHERBE nimmt NOUGAT nicht wahr.)

(TAMBOUR beobachtet das vom Zelt aus.)

(SANSHERBE stolpert über BEAUVIN, der betrunken am Boden liegt.)

BEAUVIN: Au, passen Sie auf.

(NOUGAT schneidet sich in den Finger, beginnt diesen abzutupfen und dann die Wunde mit einem Verband abzudecken. NOUGAT schneidet weiter Tomaten, dann Käse und zupft Basilikum und träufelt Essig und Öl darauf.)

SANSHERBE: Oh Entschuldigung, ich habe Sie nicht gesehen.

BEAUVIN: Nein, nicht auf mich. Auf sich selbst.

SANSHERBE: Was soll mir denn passieren, als auf unwegsamem Gebiet anzuecken?

BEAUVIN: (steht auf) Ich wollte Sie nicht verängstigen.

SANSHERBE: Das haben Sie auch nicht. Ich habe Sie getreten. Aber was liegen Sie auch am Boden herum?

BEAUVIN: (stellt sich vor) Ich bin Beauvin, wenn ich liege oder stehe, getreten oder ungetreten, der Name ist immer gleich. Ich meine, ich bin immer derselbe, egal was Sie auch mit mir anstellen.

SANSHERBE: (lacht) Sind Sie freundlich oder nicht? Das ist mir wichtiger zu erfahren.

BEAUVIN: Das ist hier in der Gegend nicht so einfach zu sagen. Wollen Sie mir Ihren Namen verraten?

SANSHERBE: Wenn ich allem, was am Boden liegt, meinen Namen sage, dann komm ich nicht voran.

BEAUVIN: Ich liege ja jetzt nicht mehr am Boden. Also was ist?

SANSHERBE: Ich bin Sansherbe…Sansherbe, Florence…und so weiter.

BEAUVIN: Kommen Sie aus der Normandie?

SANSHERBE: Nein, warum?

BEAUVIN: Der Name klingt danach. So…

SANSHERBE: Meine Eltern stammen tatsächlich daher. Können Sie hellsehen, Beauvin? Ich bin in den Savoyer Alpen geboren.

BEAUVIN: Da, wo auch der Beaufort herkommt.

SANSHERBE: (irritiert) Mein dritter Vorname ist Beaufort.

BEAUVIN: Das klingt so blumig.

SANSHERBE: Scherzkeks...Sie haben gesagt, dass man es nicht so einfach sagen könne, wer hier freundlich ist oder nicht. Was meinen Sie damit?

BEAUVIN: Ich meinte, wer hier wirklich freundlich ist, so aus dem tiefsten Herzen. Also ganz von innen drin. Voller Wahrhaftigkeit.

SANSHERBE: Sie sprechen in Rätseln.

BEAUVIN: Es wimmelt hier von Schauspielern.

SANSHERBE: Das habe ich auch gehört.

BEAUVIN: Ja, Schauspieler gibt es hier viele. Die sind bodenständig wie Kraut und machen in Gänze mehr her. Und wirken dann ganz anders.

SANSHERBE: Wie ganz anders?

BEAUVIN: Na so wie es die Rolle verlangt.

SANSHERBE: Sind Sie Schauspieler?

BEAUVIN: Sagen wir mal so, ich bin ein...Weinbauer auf der Suche.

SANSHERBE: (schüttelt ihn) Auf der Suche nach was? Kommen Sie doch mal auf den Punkt.

BEAUVIN: (greift fest ihren Arm) Auf der Suche nach den Tätern, die mir alles genommen haben. Erst in mein Haus eingebrochen sind und mich dann erpresst haben.

SANSHERBE: Ich verstehe kein Wort.

BEAUVIN: Wenn ich kein Geld gebe, dann machen sie alles zunichte, wie Wespen die vertilgen, Nester setzen und weiterziehen. Kappen alle Weinstöcke und reißen jeden Strauch heraus.

SANSHERBE: (löst sich von BEAUVIN) Warum erzählen Sie das?

BEAUVIN: Weil Sie das beenden können.

SANSHERBE: Ich kenne Sie doch erst seit ein paar Minuten.

BEAUVIN: Ich weiß, dass Sie das können.

SANSHERBE: Was kann ich tun?

BEAUVIN: Das klingt schon besser…Hören Sie mir genau zu…Halten Sie sich an Tambour, der ist der einzig freundliche in dem Haus.

SANSHERBE: Sagten Sie nicht vorhin, dass nicht klar ist wer hier wirklich freundlich ist oder nicht, weil es hier von Schauspielern wimmelt.

BEAUVIN: Achten Sie auf Ihren Bauch, wem Sie vertrauen können oder nicht. Also dieser Tambour braucht ihre Hilfe.

(SANSHERBE küsst BEAUVIN auf die Stirn.)

BEAUVIN: Das war schön, aber warum?

SANSHERBE: Weil Sie Gutes von Bösem unterscheiden.

BEAUVIN: Achten Sie lieber auf Ihren Bauch. Alles anderes führt in die Gasse. Ich leg mich jetzt wieder hin.

SANSHERBE: Dann stolpre ich ja wieder über Sie.

BEAUVIN: Nein, Sie wissen ja jetzt, dass ich da bin.

(BEAUVIN legt sich wieder hin.)

SANSHERBE: Warum bin ich gerade über Sie gestolpert?

(BEAUVIN steht wieder auf.)

BEAUVIN: Das hat alles seinen Sinn.

(Pause)

NOUGAT: (bietet SANSHERBE Tomaten mit Basilikum an) Wollen Sie etwas?

SANSHERBE: Was? Wo kommen Sie denn jetzt hier. Wer sind Sie?

NOUGAT: Ich bin Nougat und lag da rum.

SANSHERBE: Noch einer.

NOUGAT: Nehmen Sie.

SANSHERBE: (nimmt) Was ist das rote da?

NOUGAT: Nennt sich Tomaten.

SANSHERBE: Nein, dass da in der Sauce. Und was haben Sie mit Ihrem Arm gemacht?

(NOUGAT bietet ohne Worte auch BEAUVIN etwas an.)

NOUGAT: Wollen Sie Baguette dazu?

(NOUGAT geht ab.)

(SANSHERBE und BEAUVIN kauen genüsslich.)

BEAUVIN: Bekomme ich noch einen Kuss auf die Stirn?

SANSHERBE: Nein.

(BEAUVIN will sich wieder hinlegen und steht wieder auf.)

BEAUVIN: Sind wir nicht gemeinsam bestohlen worden?

SANSHERBE: Was wissen Sie von mir?

BEAUVIN: Dass zwei Ihren Strumpfladen „besucht" haben…Zugegeben, Sie haben auch gleichzeitig einen Blumenladen mit Pflanzen, Kraut eben…und die haben dann ihre Masken ausgetauscht, um unweit einen schrecklichen Überfall zu begehen…Sie haben Sie beraubt.

SANSHERBE: Nein, die haben nur ihre Masken getauscht. Affenmasken gegen Strümpfe.

BEAUVIN: Haben die bezahlt? Und wissen Sie was sie anschließend Furchtbares getan haben?

(SANSHERBE will nicht antworten und weicht aus.)

SANSHERBE: Haben die gleichen Ihnen das Haus genommen?

BEAUVIN: Ja, das Haus, das Gut und all den Wein. Ich kann nicht mehr zurück.

SANSHERBE: Dann holen Sie es sich doch zurück!

BEAUVIN: Wie denn, wenn alles vernichtet wurde? Wenn meine ganze Kraft, die in den Reben steckte, wie weggeflogen ist. Ich schaue mir das alles an, was hier passiert. Dazu muss ich mich hinlegen, weil ich es sonst nicht verarbeite. Weil es mich sonst hinschlägt...Dann kann ich mich auch gleich hinlegen.

(legt sich hin)

(CREMANT tritt plötzlich auf und SANSHERBE kümmert sich ebenso spontan um das Kraut.)

CREMANT: (fasst SANSHERBE wieder an) Was machen Sie hier?

SANSHERBE: Nach was sieht das aus? Nach Kind in der Wiege wickeln?

(SANSHERBE löst sich aus dem Griff.)

CREMANT: In der Schwangerschaft sollte man Basilikum nicht in größeren Mengen zu sich nehmen.

SANSHERBE: Ich bin noch nicht schwanger.

CREMANT: Eben.

SANSHERBE: Was eben?

CREMANT: Noch nicht.

SANSHERBE: Bisschen direkt oder?

CREMANT: Ich wollte nur zum Ausdruck bringen, dass Basilikum so seine Wirkung hat.

SANSHERBE: Das Kraut sorgt für Perspektive oder wie?

CREMANT: Wollen Sie Wein?

SANSHERBE: Das ist schlecht in der Schwangerschaft.

CREMANT: Ich dachte Sie sind nicht…

SANSHERBE: War ein Scherz. Ja, ich nehme einen Schluck. Ist ja Mangelware hier in der Region.

CREMANT: Seit dem großen Fressen.

SANSHERBE: Wer hatte denn den Appetit?

CREMANT: Die Wespen. Das haben Sie doch selbst erzählt.

SANSHERBE: Ich dachte, es war eine Geschichte, die man so unbedacht weiter erzählt. Wie ein Schauspiel, das eigentlich nicht stimmt und nur ausgedacht ist.

CREMANT: Sieht das aus wie ein Schauspiel?

SANSHERBE: Man sagt, hier auf dem Gut wimmelt es von Schauspielern.

CREMANT: Hier ist nichts mehr. Es gibt keine Wespen, keine Katzen…und das ist gut…keinen Wein. Es muss hier wieder blühen, egal wie. Es bröckelt von allen Seiten. Wie ein Kartenhaus, das traurig zu scheitern beginnt.

SANSHERBE: (stellt das Basilikum ab und CREMANT hilft beim Aufbau; immer wieder schaut CREMANT SANSHERBE an; sie lässt keine Berührung zu) Das klingt aber ernst und da wollen Sie mein Kraut, damit es wieder üppiger wird?

CREMANT: Auch, ja.

SANSHERBE: Ich stell es hier dazu. Sie sind mir dann noch wieder etwas schuldig.

(TAMBOUR erscheint und SANSHERBE bemerkt ihn.)

CREMANT: (zu SANSHERBE) Darf ich vorstellen? Das ist (überlegt und findet keinen Namen)…

SANSHERBE: (beeindruckt von TAMBOUR) Angenehm…(zu CREMANT) Den hab ich hier noch nie gesehen…(zu TAMBOUR) Wo waren Sie?

CREMANT: Im Kessel.

SANSHERBE: Was?

TAMBOUR: Ich bin aus Saint Lucien au bord de la mer, das ist unweit von Romanée Croix du Mont und Savigny de Touraine und habe mir die Weinbecken angeschaut.

SANSHERBE: Die sind schön anzuschauen, wenn die Sonne sich in dem Wein reflektiert und ihm eine andere Farbe verleiht. Fast samtschwarz.

TAMBOUR: Die Becken, die ich mir anschaue, sind weniger von Sonne umgeben…

SANSHERBE: ...und nicht weniger geheimnisvoll...Ich wusste gar nicht, dass Saint Lucien am Meer liegt.

TAMBOUR: Jede Stadt liegt am Meer. (Klettert auf eine Strickleiter nach oben) Man muss nur hoch hinauf, dann sieht man es. Kommen Sie.

(SANSHERBE folgt ihm auf der zweiten Leiter und dann CREMANT auf der dritten.)

TAMBOUR: (zu SANSHERBE) Sehen Sie, wie weit das alles sein kann, wenn die Phantasie den Raum öffnet?

SANSHERBE: (zu TAMBOUR, in die Ferne rufend) Es ist schön. Sind Sie Schauspieler? Sie finden so besondere Worte.

TAMBOUR: (zu SANSHERBE) Was? Nein. Ich suche nur den Schwindel...in der Höhe...und mit Ihnen.

TAMBOUR: Angenommen, wir hängen hier so herum und es gibt gar kein Meer. Wir machen das nur, weil wir beäugt werden, ob wir hier abstürzen oder uns vielleicht küssen werden...Also nur angenommen.

SANSHERBE: Ja, nur angenommen. Vielleicht, weil das andere so sehen wollen und wir das selbst ganz anders sehen. Also nur angenommen...

TAMBOUR: Ja genau. Wir sind hier...also nur angenommen...ganz nah beieinander und berühren uns, ohne wirkliche Nähe zu empfinden.

(verschlingen sich zunehmend)

SANSHERBE: Ja, nur angenommen, weil wir uns ja noch gar nicht kennen und warum sollten wir uns dann anfassen?

TAMBOUR: (löst sich plötzlich) Völlig richtig, kommen Sie mit…ich zeige Ihnen etwas…

(TAMBOUR klettert herab, SANSHERBE folgt ihm; CREMANT schaut von oben zu; TAMBOUR nimmt ein Seil und bildet damit auf dem Boden einen Kreis.)

(TAMBOUR steht im Kreis und SANSHERBE will mit hineintreten.)

TAMBOUR: Nein, bleiben Sie da. Wenn Katzen in das Fass fallen klären sie den Wein. Ich komme heraus, damit es jetzt nicht passiert.

SANSHERBE: Was soll das Ganze?

TAMBOUR: (lacht) Es ist die Wenn-Konstellation.

SANSHERBE: Was?

TAMBOUR: Wenn hier in dem Kreis ein tiefes Becken existieren würde, werden Sie den Rand des Kreises nur schwer übertreten wollen oder können.

SANSHERBE: Hier ist kein Becken, nur ein Kreis, gebildet aus einem Seil.

TAMBOUR: Angenommen, wenn hier ein Becken existiert, machen Sie etwas völlig anderes als wenn ich verkünde, dass wir hier drinnen beide ungestört und abgeschirmt von der Umwelt sind. Kommen Sie herein, jetzt passiert plötzlich nichts mehr, wenn wir beide ganz allein sind. Obwohl, wenn wir Schauspieler wären, also nur angenommen, in unserem Spiel beobachtet werden. Das ist der erste Kreis, wir beide ganz auf uns bezogen. Nicht wie eben, als Sie noch draußen standen und sich nicht in den Kreis trauten. Das ist der zweite Kreis. Wir spielen miteinander…wie Schauspieler…also angenommen und fürchten, dass andere uns dabei sehen könnten.

Sie wissen nicht, wer hier Freund und Feind ist. Vertrauen Sie mir.

SANSHERBE: Kann ich das?

TAMBOUR: Ja.

SANSHERBE: Dann lassen Sie uns wieder hinaufgehen, wo alles begann.

(Beide klettern wieder hoch.)

Und wo wir keine Kreise haben.

TAMBOUR: Die sind da genauso. Sie sehen sie nur nicht. Gleich gibt es einen weiteren Kreis.

CREMANT: (mischt sich ein, zu TAMBOUR) Moment mal. Geh zurück ins Haus.

TAMBOUR: Sehen Sie.

(Alle klettern wieder hinab.)

SANSHERBE: (zu TAMBOUR) Hat er das Sagen hier?

TAMBOUR: Er ist mein Bruder und passt immer auf, was ich so mache.

(TAMBOUR will abgehen.)

SANSHERBE: (zu TAMBOUR) Bleiben Sie doch und sagen Sie mir Ihren Namen.

TAMBOUR: Ich kann nicht, ich habe noch zu tun.

SANSHERBE: Sehe ich Sie wieder?

TAMBOUR: Ich komme nur in wenigen Momenten raus.

SANSHERBE: Was?

TAMBOUR: Ich meine…Ich arbeite mehr drinnen als draußen.

SANSHERBE: Was arbeiten Sie denn?

TAMBOUR: Unter Tage. Vielleicht sehen wir uns wieder.

CREMANT: Das glaube ich nicht, er ist wirklich sehr beschäftigt. Und ich bin ja auch noch da. Ich meine, wenn Sie Fragen haben.

SANSHERBE: Was denn für Fragen?

CREMANT: Na alles, was Sie so bewegt. Was Sie so umtreibt. Wenn Sie wissen wollen, was wir, ich, hier so mache.

SANSHERBE: Solche Fragen beantworten Sie ja gerade nicht.

CREMANT: Lassen Sie mich jetzt allein…

SANSHERBE: Was denn nun?

CREMANT: …und danke für das Kraut, es bringt die Natur und die Vergangenheit zurück.

SANSHERBE: Ich bringe Ihnen morgen mehr, immer mehr, wenn Sie wollen.

CREMANT: Ja gut. Und passen Sie auf sich auf.

(SANSHERBE schaut ihn unverständlich an.)

CREMANT: Man sollte das Leben genießen, solange es einem gut geht.

(Licht aus)

(Musikeinsatz)

5. Dieses Spiel geht seit dem Tag, an dem kein Wein mehr fließt

TAMBOUR: (schreibt erst in seinem Tagebuch, dann einen Brief auf einer herausgerissenen Seite)

14. September: Das Herbsten hätte längst begonnen sein sollen. Die Lese kann nicht stattfinden, also schreibe ich lieber, um mich abzulenken…Ich kriege meinen Kopf nicht ins Spielen…sonst war dieser längst betäubt, aber nun bin ich nicht losgelöst in meinen Worten und finde jetzt keine. Als Schauspieler sollte ich das überspielen können und so tun, als wäre ich frei, obwohl ich gefangen bin. Dieses Spiel geht seit dem Tag, an dem kein Wein mehr fließt, seit die Ernte nicht mehr möglich ist, weil nichts mehr wächst. Darüber kann auch das Kraut nicht hinweg täuschen.

Also schreibe ich wieder. Das ist nicht der erste Brief, den ich formuliere, bislang hat keiner geholfen, dennoch hat jeder gewirkt.

(schreibt) Werte…Gute Frau…(zu sich) was soll der Einstieg? Welche Frau will gleich zu Beginn bewertet werden?…(schreibt weiter) Hallo oder Hey!…(zu sich) Nein, auch nicht…Mann, wach auf (schlägt sich). Ich habe sie weder am Telefon noch kenne ich sie seit Jahren…Diesmal schreibe ich es ganz anders. Nur, wenn ich ihr den Brief heimlich übergebe, wenn ich ihr den zustecke und sie ihn liest, darf sie sich nichts anmerken lassen, sonst ist die Mission verloren…

(schreibt) Wenn Sie das lesen, tun Sie bitte so als ob es etwas ganz Alltägliches ist, dass sie jetzt erfahren und reagieren ganz ohne Emotionen auf mein Flehen…(zu sich) Flehen?…Ja, das wirkt besonders…seit Jahren komme ich nicht mehr raus…das ist zwar gelogen…es ist noch kein Jahr, aber klingt doch dramatisch oder? Wirkt das zu schwach? Ihre Hilfe ist notwendig, damit es gelingt. Also weiter: (schreibt)…seit Jahren komme ich nicht mehr raus und…benötige Ihre Unterstützung zur Flucht, indem Sie diesen Brief an einen Retter weiterleiten…

(zu sich) Das ist alles nichts (zerreißt den Brief und ist außer sich). Es geht nicht um die Worte, die ich zu formulieren versuche. Als Schauspieler geht es um das Wie. Jetzt bin ich mit dem Brief ganz allein und intim. Wenn ich ihr den überreiche, soll diese Nähe auf sie übergehen. Das wird sie spüren und alles richtig in Gang setzen. Deshalb nur ein Satz (schreibt diesen auf und liest ihn dann vor): Hilf mir! Ich bin gefangen.

(Licht aus)

(Musikeinsatz)

6. Affenmaske gegen Strumpf

(SANSHERBE erscheint lachend mit CREMANT; als dieser sie heranzieht, drückt sie ihn wieder weg.)

SANSHERBE: Ich könnt jetzt auf den Schreck einen Schluck vertragen.

(NOUGAT und MAUVAIS erscheinen mit halbhochgezogener Strumpfmaske auf dem Kopf; SANSHERBE erschrickt, als sie die beiden so sieht.)

SANSHERBE: Das ist mir schon peinlich, dass ich gerade hier eine Laufmasche bekomme. Gut, dass ich immer ein zweites Paar dabeihabe. Und für die alten gibt es eine gute Verwendung (amüsiert sich).

(SANSMENSONGE tritt mit einem Aktenordner auf.)

SANSMENSONGE: Ich habe jetzt alles gesammelt und aufbewahrt... (zeigt energisch auf den Ordner). Hier ist alles drin. Alles vollständig.

(zu CREMANT) Wollen Sie mal sehen? (stößt auf Desinteresse)

(zu NOUGAT) Ich habe das auch noch mal zusammengefasst (zieht eine Liste heraus). Alles steht auf der Liste.

(zu MAUVAIS) Jeder Vorgang. Das geht schon über Jahre so. Nicht wahr?

(zu CREMANT) Alles wie leer gefegt. Und das hat seinen Grund.

(Die Gruppe schließt sich zusammen; SANSHERBE steht allein.)

SANSMENSONGE: (versucht mit der Gruppe in Kontakt zu treten, jedoch ohne Erfolg) Sie müssen mir doch mal zuhören. Es kann ja nicht so weiter gehen.

(zu SANSHERBE) Wollen Sie mal die Zeitungsausschnitte sehen?

SANSHERBE: Wer sind Sie denn jetzt?

SANSMENSONGE: Sansmensonge.

SANSHERBE: Ich bin Sansherbe. Was für ein langer Name.

SANSMENSONGE: Nur ganz kurz.

SANSHERBE: Später.

SANSMENSONGE: Wann genau?

SANSHERBE: Irgendwann.

SANSMENSONGE: Dann ist es zu spät.

SANSHERBE: Umso besser. Es passt jetzt nicht.

(blickt zur Gruppe) Ich muss da jetzt hin.

SANSMENSONGE: Genau das dürfen Sie nicht, das steht alles hier in dem Ordner.

CREMANT: Geben Sie mir mal den Ordner (setzt sich drauf). Da steht alles drin und ich sitz drauf. Und nun?

SANSMENSONGE: Ich habe ja auch noch die Liste.

(NOUGAT nimmt die Liste und zerreißt diese.)

CREMANT: (steht auf) Sehen Sie was Sie angerichtet haben. Das kann ja keiner lesen.

(SANSMENSONGE greift sich den Ordner und geht ab.)

CREMANT: Wir trinken auf Nachhaltigkeit, alles kann man wieder verwenden.

(CREMANT holt eine Weinflasche mit vier Gläsern hervor. Verteilt die Gläser, öffnet die Flasche und schenkt allen ein; es kommt nur Milch heraus.)

SANSHERBE: Ich wollte mit Wein auf die Renaissance dieses Gutes anstoßen. Das ist kein Wein. Das sieht aus wie Milch.

NOUGAT: Das ist auch Milch…

MAUVAIS: Weil wir keinen Wein haben.

NOUGAT: Aber Kühe ohne Ende.

SANSHERBE: Ich habe doch ihre Fässer gesehen!

CREMANT: Haben Sie hinein gesehen?

NOUGAT: Haben Sie Wein gesehen?

MAUVAIS: Wollten Sie Wein sehen, obwohl Sie nicht hineingesehen haben?

SANSHERBE: Was soll das? Es wird doch wohl möglich sein, etwas Wein zu erhalten, etwas roten Wein.

CREMANT: Nein.

SANSHERBE: Warum?

NOUGAT: Weil es hier schon lange keinen mehr gibt. Das hatten wir ja schon.

MAUVAIS: Weil die Wespen alles abgetragen haben, angezogen von dem Duft, und damit auf und davon sind.

(TAMBOUR tritt in veränderter Kleidung auf und hängt die vorherige wieder an einen Haken.)

TAMBOUR: Es gibt jedoch eine Möglichkeit…

(SANSHERBE schaut ihn an und erwartet ein Angebot.)

TAMBOUR: Sie haben es doch selbst mitgebracht.

SANSHERBE: Was habe ich mitgebracht? Wein?

NOUGAT: Es gibt hier keinen.

MAUVAIS: Nicht mal einen Tropfen.

CREMANT: Ist gut, Männer. Es gibt hier eben keinen Wein.

NOUGAT: Na, sag ich ja.

TAMBOUR: (stopft in alle Gläser Kraut hinein) Jetzt schmeckst gleich ganz anders und sieht auch noch schön aus.

SANSHERBE: (nähert sich TAMBOUR) Sie haben den Blick für das Detail.

TAMBOUR: Das haben mir schon viele gesagt.

SANSHERBE: Als ob das Leben nun auch aus der Milch wächst.

TAMBOUR: Schön, welche Worte Sie für den besonderen Moment finden.

SANSHERBE: Ja, das kann ich.

TAMBOUR: Und ich höre das.

CREMANT: (mischt sich erneut ein) Und ich sehe, was sich hier anbahnt.

CREMANT: (findet doch noch eine Flasche roten Wein, präsentiert diese stolz und geht auf SANSHERBE zu) Ich habe noch eine für besondere Momente versteckt…

(TAMBOUR nimmt die Flasche CREMANT ab.)

TAMBOUR: (zu SANSHERBE)…Und ich habe doch noch eine für besondere Momente gefunden.

SANSHERBE: (zu TAMBOUR) Sie sind ein Schatz.

(Alle trinken die Milch aus und essen das Kraut; TAMBOUR isst das Kraut aus dem Glas von SANSHERBE.)

CREMANT: (nimmt TAMBOUR die Flasche wieder ab) Freut euch, dass wir jetzt etwas Wein haben.

(CREMANT schenkt den roten Wein ein.)

(Alle trinken einen Schluck Wein wie nach ewiger Enthaltsamkeit und reißen genüsslich den Mund auf.)

CREMANT: Moment, erst einen Spruch.

(Alle spucken den Wein zurück ins Glas.)

(CREMANT erhebt das Glas und wirkt wie bei einer Rede.)

CREMANT: (schaut dabei SANSHERBE an) Wein trinken kann Weinen ertränken…sagte ein Weinbauer und trank Wein…

(BEAUVIN tritt auf.)

Kommen Sie, Beauvin. Stehen Sie auf. Das ist genau Ihr Thema.

(lange Pause)

(Die anderen folgen unerwartet und stimmen mit ein.)

TAMBOUR: Da trat der zweite Weinbauer…der nur Weißwein anbaute hinzu und sagte…Ja, das weiß ich.

MAUVAIS: Der dritte Weinbauer kam gerade auch vorbei und ergänzte…nicht nur Rotwein treibt einem die Röte ins Gesicht…ganz zu schweigen vom Weißen.

NOUGAT: Der vierte stand unweit von den anderen entfernt und drohte…was kümmert mich das Geschwätz, lasst uns doch lieber Wein trinken…Ob nun roten oder weißen…was weiß ich.

BEAUVIN: Da kam der wahre Weinbauer und fragte: Was nehmt ihr mir erst mein Haus und reißt all die Reben und mein Herz heraus?

CREMANT: Was denn los, Beauvin? Nicht so ernst. Auf die Wespen.

SANSHERBE: Und wie geht das nun aus?

TAMBOUR: Keine Ahnung, ist ja kein Witz…

NOUGAT: Na, sag ich ja.

TAMBOUR: Gebt mir die Gläser her, wir wollen tanzen.

(Musikeinsatz)

(TAMBOUR sammelt die Gläser ein.)

SANSHERBE: Ich habe noch nicht ausgetrunken und wenn das der letzte Wein ist, dann sollten wir…

(Es beginnt ein großer Tanz, an dem alle beteiligt sind.)

(TAMBOUR trinkt selbst den Wein aus dem Glas von SANSHERBE aus, gibt CREMANT die leeren Gläser, der einen Moment dadurch abgelenkt ist und tanzt mit ihr, holt dabei den Brief heraus und versucht, ihn SANSHERBE zuzustecken.)

(CREMANT gibt die Gläser an BEAUVIN weiter und übernimmt unverhofft, so dass es TAMBOUR nicht gelingt. TAMBOUR steckt den Brief wieder in seine Hosentasche. CREMANT versucht an TAM-BOUR heranzukommen. BEAUVIN verhindert dies. Es scheinen viele Briefe zu existieren, die plötzlich sichtbar werden. Irgendwann zieht CREMANT den Brief aus TAMBOURS Hosentasche, dabei fällt dieser zu Boden.)

(NOUGAT sieht den Brief, hebt ihn auf und will ihn öffnen. MAUVAIS nimmt den Brief ab.)

MAUVAIS: Was hast du da?

(TAMBOUR nimmt MAUVAIS den Brief wieder ab, bevor NOUGAT antworten kann.)

(TAMBOUR läuft genau mit dem Brief auf SANS-HERBE zu.)

SANSHERBE: Was haben Sie da?

(CREMANT wird aufmerksam.)

(TAMBOUR versucht, ihr heimlich den Brief zu übergeben und schiebt CREMANT nach hinten.)

CREMANT: Was ist das?

TAMBOUR: Nichts, das ist ihr aus der Tasche gefallen.

SANSHERBE: (lügt) Ja, ja, das ist von mir. Der ist mir aus der Tasche gefallen.

NOUGAT: Na, sag ich ja.

(SANSHERBE hält den Brief fest, öffnet und liest ihn; ist schockiert, weiß nicht, was sie tun soll.)

CREMANT: Ist der doch nicht von Ihnen? Sie sehen so überrascht aus.

SANSHERBE: Doch doch.

CREMANT: Es ist schon spät. Er muss ins Bett.

(TAMBOUR wird wütend.)

CREMANT: Er muss ins Bett und morgen früh raus. Männer? Nougat, Mauvais. Mauvais, Nougat.

(NOUGAT und MAUVAIS beißen TAMBOUR wie Hunde in den Arm und ins Bein.)

TAMBOUR: (befreit sich und geht auf SANSHERBE zu) Sehen wir uns morgen wieder?

SANSHERBE: Ja sicher, ich will Sie sehen. Immer sehen.

CREMANT: (noch energischer) Er muss jetzt schlafen gehen.

(TAMBOUR wird von NOUGAT und MAUVAIS herausgebracht.)

TAMBOUR: (dabei zu SANSHERBE) Ich bin morgen wieder da. Fragen Sie nach mir. Sie müssen nach mir fragen. Hören Sie? Fragen Sie nach mir.

SANSHERBE: Ich kenne ja nicht mal Ihren Namen.

TAMBOUR: Tambour, ich heisse Tambour, Lestat, Basile, Merlot.

(Musikeinsatz)

(TAMBOUR ist verschwunden, alle anderen außer SANSHERBE auch.)

SANSHERBE: Und ich heiße Sansherbe, Florence und so weiter….Was zum Teufel ist hier los?

(liest den Brief erneut und laut vor) Hilf mir! Ich bin gefangen.

(Der Text erscheint an der Wand.)

(Musikeinsatz)

(CREMANT tritt mit NOUGAT und MAUVAIS wieder auf.)

CREMANT: Na Männer, sie ist schön, oder?...Aber ihr kennt sie ja nicht erst seit heute.

(NOUGAT und MAUVAIS nicken und sind noch etwas außer Atem.)

CREMANT: (zieht NOUGAT und MAUVAIS zu sich heran und legt beide Köpfe auf seinen Schultern ab) Kommt her und beruhigt euch. Das gehört alles zum Spiel…(spricht in fremder Sprache). Hättet ihr nicht damals nur einfach ein Tuch vor dem Gesicht tragen können, dann wäre ich nie auf euch aufmerksam geworden.

MAUVAIS: Du weißt schon, dass du mir ein Tuch geschenkt hast?

NOUGAT: Was für ein Tuch?

MAUVAIS: Ich weiß es nicht mehr.

NOUGAT: Du fragst mich, ob ich noch weiß, dass ich dir ein Tuch geschenkt habe und du weißt es nicht mehr?!

MAUVAIS: Es war ein schönes Tuch.

NOUGAT: Dann weißt du es also doch noch?

MAUVAIS: Klar weiß ich es. Es war das Tuch vom letzten Mal. Das ich bei Ihr entdeckt habe.

NOUGAT: Was für ein Tuch?

MAUVAIS: Ein rotes.

NOUGAT: Wieso erinnerst du dich ausgerechnet an die Farbe und nicht an die Form?

MAUVAIS: Die Form weiß ich nicht mehr.

NOUGAT: Na, sag ich ja.

MAUVAIS: Weil es vorher weiß war...als sie noch lebte.

CREMANT: Nun mal ruhig Blut. Strümpfe gehören ans Bein und nicht über den Kopf.

NOUGAT: Jetzt kommt wieder diese Frage.

CREMANT: Ich frage euch zum letzten Mal. Wo ist das Geld?

NOUGAT: Na, sag ich ja.

CREMANT: Ich habe euch gesehen, als ihr bei der Frau die Masken ausgetauscht habt. Affenmaske gegen Strumpf. Ich habe euch auch gesehen, als ihr dann bereit ward für den Überfall.

Also, wo ist das Geld? Und ich verspreche euch, es wird niemand erfahren.

(NOUGAT und MAUVAIS antworten CREMANT mit ganz piepsiger Stimme.)

NOUGAT: Das weiß ich gerade nicht, ich kann das nicht sagen.

MAUVAIS: Woher soll ich das denn wissen, wenn ich es wüsste, würde ich es ja sagen.

CREMANT: Meine Herren, kommen Sie mal wieder runter.

NOUGAT: Ich bin ja nicht mal hochgeklettert.

MAUVAIS: Wo soll ich denn runter kommen? (räuspert sich und redet wieder normal) Ich weiß es nicht.

CREMANT: Kommen Sie doch mal runter, sie laufen ja völlig übertourig, Sie sind ja ganz übernormal. Ich kann Sie ja kaum einfangen, so übertrieben wie Sie sind.

(TAMBOUR tritt plötzlich auf und wirft etwas gegen die Wand.)

CREMANT: Jetzt macht der auch so was. Sind die denn alle so? Wo ist das Geld?

TAMBOUR: Es ist im Kessel! Und ich sitz mittendrin, weil du es so willst.

CREMANT: Dann geh raus, damit ich rankomme.

TAMBOUR: Jetzt will ich drin bleiben.

CREMANT: Du hast doch erst gefragt, wann du mal rauskannst.

TAMBOUR: Die Situation ist nun eine andere. Das Geld aus dem Überfall ist im Kessel, wo ich sein soll. Da geh ich doch jetzt nicht einfach raus und lass das Geld zurück.

(TAMBOUR nimmt CREMANT zur Seite und beide treten an das Publikum heran.)

TAMBOUR: Weißt du noch, wie uns die Frau mit dem Fischwagen besucht hat? Wir haben ihr ständig wahllos irgendwelche Fische abgekauft, nur um ihre Tochter anzulocken, die den Fisch dann anbringen musste, weil sie selbst es nicht mehr den Berg bei den Mengen hinauf schaffte.

CREMANT: Wir haben ihr Geld gegeben und wollten immer mehr.

TAMBOUR: Mehr Fisch.

CREMANT: Ja, auch.

TAMBOUR: Haben Vertrauen gespielt.

CREMANT: Und uns charmant gezeigt.

TAMBOUR: Du hast dann den Fisch in einen der Weinkessel geworfen. Weil wir nicht mehr genug Trauben ernten konnten war ja Platz. Und wir mochten beide keinen Fisch, und der blieb für sich im leeren Becken.

CREMANT: Das zog dann noch mehr von den Katzen an… meist grau…obwohl selten alle…manche fast weißgrau…nicht durchweg, viele aschfahl am Bauch…und nach hinten raus dunkelweiß…und einige gestreift…wenn auch kaum sichtbar…und nicht im Muster…gar nicht durchgängig…samtschwarz…

TAMBOUR: Das hast du schon einmal gesagt.

CREMANT. Wir sind Schauspieler also werden wir das wohl etliche Male wiederholen können.

TAMBOUR: Warum so hart?

CREMANT: Weil es zur Dramatik passt.

(TAMBOUR und CREMANT lachen; es eskaliert, beide rangeln und schlagen sich.)

CREMANT: (plötzlich ernst) Du gehst jetzt in den Kessel zurück. Sie ist bald wieder da.

TAMBOUR: Dann sitz ich auf dem Geld, mein Bruder.

CREMANT: Es ist mir egal, wenn ich sie haben kann. Bald hab ich beides. Sitz du nur im Kessel. Ich bring dich zurück.

(TAMBOUR rennt heraus.)

CREMANT: (ruft hinterher) Lauf ruhig, du kommst hier nicht weg.

(Licht aus)

(Musikeinsatz)

7. Jedes Kraut verdient seine Aufmerksamkeit

(BEAUVIN steht am Zelt; SANSHERBE stößt gegen ihn mit einem Korb voller Basilikum.)

SANSHERBE: Diesmal stolpere ich nicht über Sie, sondern Sie stehen mir im Wege.

BEAUVIN: Ich habe Ihnen doch gesagt, ich bin immer in Ihrer Nähe.

SANSHERBE: Das kann man ja auch anders, ohne den Weg abzuschneiden.

(BEAUVIN bringt TAMBOUR hinzu.)

(Dieser tritt in neuer Kleidung auf und hängt die alte auf.)

BEAUVIN: Wie finden Sie ihn?

SANSHERBE: Gar nicht schlecht. Der steht oder liegt wenigstens nicht so herum und sieht jedes Mal anders aus.

(BEAUVIN setzt TAMBOUR auf sein aufgestelltes Bein, der wie starr dasitzt.)

(NOUGAT stellt sich dazu.)

BEAUVIN: Wir können ihn auch hinsetzen wie eine Puppe, die brav sich zu allem ausrichtet, obwohl sie nicht brav ist.

(NOUGAT zupft an TAMBOUR herum und piekst ihn.)

SANSHERBE: (spielt mit TAMBOUR wie mit einer Puppe) Was wissen Sie denn über die Puppe, ich meine über Tambour?

SANSHERBE: (zu NOUGAT) Nun lass doch mal. Ich will jetzt auch.

BEAUVIN: Tambour ist eigenwilliger als man denkt, fast wie eine Katze, die erst wie eine Puppe dasitzt und dann plötzlich Anlauf nimmt und noch mehr Kraft hineinlegt und zuschlägt und danach bedauert. Sie lässt alles mit sich machen. Man kann sie streicheln, und ihr herumzerren, ein Ei an ihr aufschlagen…doch irgendwann kommt der Punkt, wo sie ausbricht.

SANSHERBE: Sie machen mir Angst.

BEAUVIN: Das wollte ich wieder nicht…Ich beschütze Sie wie meine Frau.

SANSHERBE: Wo ist Ihre Frau?

NOUGAT: Sie ist nicht hier.

SANSHERBE: Das sehe ich. Und jetzt haben Sie eine Puppe, also eine Katze oder irgendetwas auf dem Schoß, das jedem Moment zu explodieren droht.

TAMBOUR: (fällt plötzlich aus seiner Starre heraus und spricht sehr schnell) Ich will einfach nur weg, meinen Spaß ohne Reue…wenn ich hier bleiben muss, dann tue ich mir das an (schlägt sich)…wenn ich an die Vergangenheit denke, dann wird mir ganz mulmig im Bauch und dann weiß ich, dass bald alles schön wird…ich bin Schauspieler…oh das

63

hätte ich nicht sagen sollen…aber ich habe das so schnell gesagt, dass sie das nicht erfasst hat und deshalb sitze ich hier auf seinem Schenkel und schaue wieder ganz brav und unschuldig…

BEAUVIN: Nun ist ja gut…sehen Sie, der will nur spielen…ein…Freund für Sie…wie schon gesagt. Dem man vertraut…Ich hab das zugelassen und meiner Frau auch gesagt, wenn dir mein Kind nicht reicht, dann hol dir von Tambour noch ein zweites, dann kannst du dir später eins aussuchen.

SANSHERBE: Was sagt denn Ihre Frau dazu?

BEAUVIN: Sie sagt nichts…nichts mehr…dazu.

SANSHERBE: Wo ist denn Ihre Frau?

NOUGAT: Na im Kessel, im Becken.

BEAUVIN: Was haben Sie?

SANSHERBE: Ich verstehe Sie nicht.

NOUGAT: Sie reift wie ein Wein.

(NOUGAT geht.)

BEAUVIN: Ich beobachte Sie schon solange, wie Sie mit Ihren guten Strümpfen unentwegt Kraut anbringen, um hier Leben zu schaffen.

SANSHERBE: Sie sind ein Freund, der hier wacht, haben Sie mir gesagt.

BEAUVIN: Ja das bin ich wohl, obwohl…

SANSHERBE: Warum beobachtet mich dieser Cremant? Warum hängt der mit Nougat und Mauvais herum, die ihn umkreisen, wie Wespen die ihre Stacheln bald vergeuden?

BEAUVIN: Eine gute Frage...

Warum bringen Sie nicht Pfefferminze oder Mentha piperita? Dieser Lippenblütler ist so herrlich unkompliziert und kommt Jahr für Jahr wieder, wenn sie erst mal heimisch geworden ist. Die Blätter im Frühsommer vor der Blüte gezupft ist sie gut gegen Übelkeit, Nierenschwäche, Magenkrämpfe, Hexenschuss, Appetitmangel und Schlaflosigkeit. Wenn man an ihnen sorgsam reibt, riecht man das Pfefferminzaroma. Ist man zu spät, dann blüht sie in Form von Ähren mit weißrosanen, winzig kleinen Blüten, die bald vergehen. Das Aroma haftet länger.

SANSHERBE: Es ist wohl besser, wenn ich jetzt gehe.

(CREMANT tritt auf.)

CREMANT: Fast verfliegend, dennoch zitronenartig riecht es beim Zerreiben, wenn Sie Melisse nehmen. Auch sie wuchert vor sich hin, wenn sie heimisch geworden ist. Heimat hat so etwas Bodenständiges, finden Sie nicht auch?

Wenn man alles ausgewogen und wahrhaftig betont, wenn man jedem Wort seine Wirkung überlässt und die Endungen nicht verschluckt, dann kann man es riechen.

SANSHERBE: Sie sind Schauspieler. Ich wusste es doch.

BEAUVIN: Ich habe Ihnen doch gesagt, dass es hier von denen nur so wimmelt. Alles klingt wie eine Melodie, wie Odysseus Sirenen. Hören Sie nicht hin und lieber auf Ihren Bauch.

CREMANT: Melisse beruhigt die Nerven, wirkt krampflösend und gegen Reizbarkeit und Unruhe...und Augenringe...und Zahnschmerzen...und Milchstau. Da ist Gerbsäure drin und Harz und Thymol...

TAMBOUR: Bienenfang, Hasenohr, Honigblum, zieht Wespen an.

SANSHERBE: Was?

TAMBOUR: Andere Namen für Melisse, alles heißt irgendwie, aus der Gefühlslage heraus, damit es für einen passt, der es verwendet. Herztrost, Ivenblatt, Riechnessel, Mutterkraut.

SANSHERBE: Das ist Basilikum.

BEAUVIN: Ja, Josefskräutlein.

TAMBOUR: Hirnkraut, es wirkt gegen Schwindelanfälle.

BEAUVIN: Schweißtreibend.

CREMANT: Alles wirkt irgendwie, es geht aufs Gemüt und ist gut zu Tomaten und entfaltet in der Kombination sein unvergleichliches Aroma. Kulinarisch einzigartig und kommunikativ.

(CREMANT nähert sich dabei SANSHERBE, die es ablehnt.)

(TAMBOUR nutzt die Möglichkeit; SANSHERBE fühlt sich angezogen.)

SANSHERBE: (zu TAMBOUR) Sind Sie auch einer von denen?

(TAMBOUR schüttelt den Kopf.)

TAMBOUR: Lassen Sie sich nicht betören und schmecken lieber das Besondere. Jedes Kraut verdient seine Aufmerksamkeit.

(Die anderen schauen TAMBOUR und SANSHERBE entfernt zu.)

(Musikeinsatz)

(Licht aus)

8. blick hinein samtschwarz

(SANSMENSONGE befestigt seine gesammelten Zeitungsauschnitte an der Wand.)

(SANSHERBE tritt erneut mit Kraut auf und stellt dies ab.)

SANSHERBE: Was trage ich das Kraut hierher, wenn es mir um den einen Menschen geht? Da pflanz ich unendlich mehr, wenn ich nur so seine Nähe kriege.

(TAMBOUR erscheint in einem Raum unter ihr.)

TAMBOUR: (rastlos) Wenn sie nur wüsste, wie nah ich ihr sein möchte und es zu schaffen mir so unglaublich schwerfällt?

SANSHERBE: „Hilf mir! Ich bin gefangen" hast du mir geschrieben. Wie kann ich dir helfen? Warum bist du gefangen?

TAMBOUR: Ich darf es dir nicht sagen, weil es uns sonst nie zusammenbringt.

SANSHERBE: Warum? Was ist hier los? Da ist einer, der mich anglotzt und mich unentwegt anfassen will, zwei die Strümpfe auf dem Kopf tragen, einer, über den man stolpert und noch einer, der mir einen Brief aus der Gefangenschaft schreibt und wie ein Geist beliebig erscheint und ich bringe Kraut hierher, um noch seine Nähe zu suchen. Wenn mir da einer sagen würde, das ist der Inhalt eines Theaterstückes, würde ich nicht hingehen.

TAMBOUR: Das ist gut so. Bleib da. Ich bin dir näher als du denkst.

SANSHERBE: Lass uns doch zusammen weggehen, irgendwohin wo alles blüht. Mit deiner Kraft wird das ja wohl möglich sein.

TAMBOUR: Die Bindung an diesen Ort ist größer als eine Bindung zwischen uns je sein kann.

SANSHERBE: Sag mir doch endlich, was hier gespielt wird. Dir werde ich doch wohl vertrauen können.

TAMBOUR: Ja ja, du kannst mir vertrauen. Weißt du wie es ist, wenn hier kein Wein mehr fließt?

SANSHERBE: Was hat das jetzt mit uns zu tun?

TAMBOUR: Eine ganze Menge. Wenn hier wieder Wein fließt, lass ich dich gehen.

SANSHERBE: Ich will doch mit dir zusammen sein.

TAMBOUR: Wenn du hier bleibst, kann ich raus.

SANSHERBE: Dann sind wir ja wieder nicht zusammen.

(TAMBOUR ist wieder rasend.)

TAMBOUR: Du hast meinem Bruder den Kopf verdreht, als du zwei Ganoven, zwei Mördern, zur Maske für eine schreckliche Tat verholfen hast.

(Schattenspiel im Zelt zwischen NOUGAT und MAUVAIS)

MAUVAIS: Hast du die Knarre, Nougat?

NOUGAT: Klar, Mauvais.

(NOUGAT holt eine Pistole hervor.)

MAUVAIS: Ist die echt?

(NOUGAT hält ihm die Pistole an den Kopf.)

NOUGAT: Bumb!

MAUVAIS: Bist du bescheuert? Die hätte ja losgehen können.

NOUGAT: Ja ja, am Arsch die Räuber.

SANSHERBE: Was habe ich getan? Ich dachte, das waren nur Schauspieler, die Spaß erproben.

TAMBOUR: Weit gefehlt. Das sind mehr als Spitzbuben. Das sind Mörder. Und mein Bruder hat dich dabei gesehen.

SANSHERBE: Wobei gesehen?

TAMBOUR: Als du den beiden einen Strumpf für den Kopf verkauft hast und sie danach den schrecklichen Überfall begangen haben.

SANSHERBE: Aber ich ahnte doch nicht...

TAMBOUR: Und genau das fand mein Bruder reizvoll. Du bist so sicher und so ahnungslos zugleich. Sein Kopf ist voller Bilder von Frauen wie dir. Und dein Geschäft läuft gut, um hier heute für Kraut und morgen für Wein zu sorgen.

SANSHERBE: Ich wusste, dass ich ihn kenne. Jetzt weiß ich es wieder. Er hat an dem Abend vor dem Fenster gestanden, seine Gefühle durch die Fensterscheibe zu drücken versucht und mich angeglotzt. Und ich habe ihn angeschaut und Strümpfe verkauft. Aber es passte alles nicht.

(SANSHERBE ist erschüttert.)

(CREMANT tritt auf und mischt sich ein.)

CREMANT: Ich habe dich damals beobachtet, als die zwei unter ihren Affenmasken keine Luft mehr bekommen haben und nach Strümpfen gefragt haben, um den nächsten schrecklichen Überfall zu begehen.

Und du hast sie behandelt wie Könige…Warum hast du mir nicht diese Beachtung geschenkt? Hast ihnen eine Auswahl ermöglicht, auf die Körpermaße geachtet. Und die beiden wollten einfach nur irgendeinen Strumpf, durch den sie nicht erkannt werden, aber durchsehen können.

NOUGAT: Na, sag ich ja.

MAUVAIS: Ja nun Moment mal. Ganz so war es ja auch nicht.

(NOUGAT und MAUVAIS kabbeln sich.)

CREMANT: Und ich habe dich angeschaut und all das wunderbare Kraut durch die Fensterscheibe gerochen, dass da ebenso wie die Strümpfe in der Auslage stand. Es duftet jetzt sogar an deinen Beinen.

TAMBOUR: Lass dich nicht von meinem Bruder einfangen.

SANSHERBE: Was, das ist dein Bruder?

NOUGAT: Na, sag ich ja.

CREMANT: Halt doch mal die Klappe.

MAUVAIS: Wieso denn? Er sagt ja nur wie es ist.

NOUGAT: Und wenn sie mal zuhören würde, er hat es ja vorhin schon gesagt.

CREMANT: (zu SANSHERBE) Komm her…für euch gibt es keine Nähe.

(Während Nebel den Raum einnimmt zieht CREMANT SANSHERBE zu sich heran; sie schlägt auf CREMANT ein und drängt ihn erfolgreich zurück; TAMBOUR taucht plötzlich neben CREMANT auf.)

TAMBOUR: Was machst du da? Deine Wahrheit im Kopf wird überrannt von dem Spiel.

(SANSHERBE fühlt sich zu TAMBOUR hingezogen, beide küssen sich immer intensiver; SANSHERBE blockt ab; TAMBOUR vergeht sich an ihr.)

(MAUVAIS und NOUGAT verdecken ein Teil der Szene und essen Schokocreme.)

(Licht aus)

(TAMBOUR trägt neue Kleidung und hängt die vorherige auf und auch das Kleid von SANSHERBE.)

TAMBOUR: (ahmt den Auftritt von CREMANT nach) ...Die Katzen der Umgebung, meist grau...obwohl selten alle...manche fast weiß-grau...nicht durchweg, viele aschfahl am Bauch...und nach hinten raus dunkelweiß...und einige gestreift...wenn auch kaum sichtbar...und nicht im Muster...gar nicht durchgängig...samtschwarz...selten, obwohl immer mehr.

(CREMANT tritt auf.)

CREMANT: (ahmt den Auftritt von TAMBOUR nach)...(schreibt) Werte...Gute Frau...(zu sich) was soll der Einstieg?...Mann, wach auf (schlägt sich)...Diesmal schreibe ich es ganz anders.

(TAMBOUR und CREMANT spielen die Szene nach, in der CREMANT versucht, den Brief aus TAMBOURS Hosentasche zu ziehen.)

(Beide amüsieren sich.)

CREMANT: Gut war auch...(klettert auf der Strickleiter nach oben) Jede Stadt liegt am Meer. Man muss nur hoch hinauf, dann sieht man es.

TAMBOUR: Das klang so aufgesagt, nur um ihre Nähe zu gewinnen.

CREMANT: Willst kokettieren? Lass gut sein, Tambour oder Lucien, Raoul, Cedric oder Almaric, wie du beim nächsten Mal heißt, mal Bruder mal Freund mal irgendetwas.

(Beide treten nacheinander ans Publikum heran.)

CREMANT: Das erschreckende an dem Fall ist die Einfachheit.

TAMBOUR: Fünf Männer, zugegeben wohlhabend, sich auch dadurch langweilend...

(BEAUVIN tritt auf.)

BEAUVIN: ...Suchen ebenso liquide Frauen, die auf der Suche sind.

TAMBOUR: Auf der Suche nach was?

(NOUGAT tritt auf.)

NOUGAT: Na, sag ich ja.

CREMANT: Auf der Suche nach Ablenkung.

TAMBOUR: Sie sucht Ablenkung?

CREMANT: Nein, wir. Hör auf mit deinem Spiel.

BEAUVIN: Also, fünf Männer, Schauspieler, ziehen immer die gleiche Masche durch.

TAMBOUR: Was?

CREMANT: Na, das steht da in der Zeitung.

TAMBOUR: (lacht) Und ich bin jedes Mal der Eingesperrte, der nach Hilfe ruft.

CREMANT: Du wolltest ja nicht, dass ich die Rolle spiele.

TAMBOUR: Ich war immer der, der mit den Gefühlen von Frauen spielt und dabei selbst das Lot verlässt.

(MAUVAIS tritt auf.)

TAMBOUR: (lenkt ab und zu MAUVAIS) Was spielst du beim nächsten Mal? Warum sagst du nichts?

MAUVAIS: Ich bring sie jetzt um.

CREMANT: Was machst du?

MAUVAIS: Hab ich doch gerade gesagt. Wie die anderen.

(NOUGAT gibt ihm ein Messer.)

NOUGAT: (lacht) Na, sag ich ja.

CREMANT: Lass das Messer fallen.

(CREMANT und MAUVAIS kämpfen, MAUVAIS verliert das Messer.)

CREMANT: Das war nicht abgemacht.

MAUVAIS: Wir haben das nicht zum ersten Mal gemacht.

NOUGAT: (hebt das Messer auf und gibt es MAU-VAIS zurück) Bring es zu Ende.

CREMANT: Lass uns weiterziehen. Wir haben keine leeren Kessel mehr.

BEAUVIN: (zu TAMBOUR) Hast du die Kessel gezählt?

TAMBOUR: Ich habe fünf Kessel gezählt.

CREMANT: Du bist zu bescheuert zum Zählen. Wir machen das seit sieben Jahren. Lass wenigstens deine Tränen fließen.

TAMBOUR: Als ob du irgendwelche Tränen hast. Wenn du genügend hättest, wären die Becken wenigstens voll.

MAUVAIS: (zu TAMBOUR) Hast du in all die Becken hineingeschaut?

TAMBOUR: Ich war selbst drin. So geborgen hab ich mich dort immer gefühlt.

NOUGAT: Ob du in die Becken hineingeschaut hast, in denen du nicht drin warst?

TAMBOUR: Nein, aber was ist mit den anderen? Den anderen Weinbecken?

CREMANT: Lass es gut sein.

NOUGAT: Dann blick hinein…samtschwarz.

(Filmprojektion zeigt SANSHERBE, die versucht aus dem Kessel zu kommen.)

TAMBOUR: (zu MAUVAIS) Nur noch eins. Ist die Geschichte von den Wespen wenigstens wahr? Dass die hier alles aufgefressen haben und weitergezogen sind?

MAUVAIS: (schüttelt den Kopf) Nein. Wir haben hier alles rausgerissen, jede einzelne Pflanze wie Cremant es wollte und alle Weinstöcke gekappt. Nur so kam immer die vermögende Frau, die Kraut bringt, erst aus Mitleid und dann aus Liebe und dann die nächste…und so hatten wir Geld…nicht nur aus den Überfällen…Geld um wieder Wein zu haben…wie früher…aber das weißt du ja (streicht TAMBOUR über den Kopf).

(TAMBOUR fühlt sich ertappt und bestätigt. CREMANT nähert sich, dann auch NOUGAT und BEAUVIN.)

CREMANT: (zählt beliebig auf wie Katzen) So Männer, Nougat, Mauvais, Beauvin, Tambour lasst uns weiterziehen. Hier sind wir fertig. Hopp, hopp.

(Alle halten sich die Hände, wie eine eingeschworene Bande; CREMANT voran.)

(SANSHERBE erscheint im Hintergrund.)

(Musikeinsatz)

(Alle ab)

(Lichtfokus auf das Kraut)

(Licht aus)

(Verbeugung)

Lukas Brandl als Tambour

Foto: Blank

Norman Nowotko als Cremant

Foto: Blank

Norman Nowotko als Cremant

Foto: Blank

Lukas Brandl als Tambour

Foto: Kolja Huneck

Reminiszenz

Die Reben reiften und zogen nicht nur die Gäste und Einwohner an. Auch die Wespen ließen sich den süßen Lockstoff nicht entgehen. Sie kamen in Scharen und haben ganze Reben kahl gefressen, bis nichts mehr zu holen war. Der Wespenschwarm zog weiter, immer auf der Suche nach neuer Verlockung und ein Gut nach dem anderen fiel ihm zum Opfer. Der Wein musste durch Milch ersetzt werden, weil es keinen mehr gab. Bis auf ein Dorf. Hier wurde der Wein immer noch direkt aus dem Becken geschöpft. Nur warum? Die Frauen stülpten ihre lichtdurchlässigen Strümpfe als Schutz über die Pflanzen, in denen sich die Wespen verhakten oder nicht hindurchkamen, um sie abzufressen.

Ist doch lustig oder? Die Frauen haben sich ausgezogen, um die Angreifer abzuwehren.

Kopf über…wenn auch verhalten…

oder?

Ein vierter Akt naht.

Wieder so verloren?

Ja.

Lukas Brandl als Tambour

Foto: Kolja Huneck

Fotograf: Cover-Rückseite

kolja